W0083974

Pia Deges

# Die freche Bastelmaus

# Pappe, Kleber, Korkenmännchen

# Inhalt

Basteln mit Recyclingsachen . . . . . . . . . . 4

So geht's . . . . . . . . . . . . . . 5

Ulkige Socktopusse . . . . . . . . . . 6

Kunterbunte Krachmacher . . . . . . . . . . 8

Pfiffige Zupfgesichter . . . . . . . . . . . . 10

Spaßiges Tellerwerfen . . . . . . . . . . . . 12

Verrückte Vögel . . . . . . . . . . . . . . 14

Gruselige Monsterfüße . . . . . . . . . . . . 16

Hellwache Nachteulen . . . . . . . . . . . . 18

Hüpf-Frosch Fridolin . . . . . . . 20

Rasanter Kullerspaß . . . . . . . . . . . . 22

Blick durchs Bullauge . . . . . . . . . . . 24

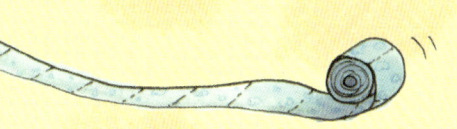

Lautstarke Klapperschlange . . . . . . . . . 26

Flower Power! . . . . . . . . . . . . . . . . . . . 28

Piepmatz-Fütterung . . . . . . . . . . . . . . . 30

Kniffeliges Kullerspiel. . . . . . . . . . . . . . 32

Schiff ahoi!. . . . . . . . . . . . . . . . . . . . . 34

Kunterbunte Ketten . . . . . . . . . . . . . . . 36

Lustige Deckelgesichter . . . . . . . . . . . . 38

Hilfe, Außerirdische! . . . . . . . . . . . . . . 40

Grässliche Räuberbande. . . . . . . . . . . . 42

Die Supernasen. . . . . . . . . . . . . . . . . . 44

Fliegende Untertasse. . . . . . . . . . . . . . 46

Impressum . . . . . . . . . . . . . . . . . . . . . 48

# Basteln mit Recyclingsachen

Prickelnadel

Schere

Papprollen

Eierkartons

Luftballons

Sekt- und Kronkorken

Schraub-verschlüsse

Plastik-flaschen

Acrylfarben

alte Cd´s

Papp- und Plastikbecher

alte Kinder-socken

Pinsel

Pappteller

Schwämme (zweiseitig)

# So geht's

## Werde zum Mülldetektiv!

Recycling heißt im Prinzip nichts anderes als „Wiederverwerten". Für dieses Buch bedeutet das, du bastelst aus Abfallsachen tolle Schätze und lustige Spielsachen. Das ist ein bisschen wie Zaubern.

Zunächst einmal brauchst du so spannende Dinge wie Toilettenpapierrollen, Kronkorken, Schraubverschlüsse, alte Socken, leere Eierkartons, Pappschachteln, usw. Du wirst staunen, was sich alles verbasteln lässt und im Nu bist du im Sammelfieber! Bestimmt helfen Oma, Nachbar und Freunde beim Sammeln mit, wenn du einen großen Fundus an wertvollen Bastelmaterialien anlegen willst.

## Achtung Schimmelmonster!

Im Müll findest du jede Menge Schätze zum Basteln, z. B. Dosen, Plastikflaschen oder Joghurtbecher. Allerdings musst du sie vor dem Verbasteln ordentlich spülen, sodass keine Essensreste mehr daran kleben. Sonst fangen deine gebastelten Sachen irgendwann an zu schimmeln oder zu stinken!

## Tipps und Tricks für die Recyclingzauberei

Egal, ob du auf dem Boden oder auf dem Tisch arbeitest, decke alles gut ab! Alte Zeitungen oder aufgeschnittene Mülltüten eignen sich super dafür. Am besten, du trägst auch alte Kleidung, die ruhig schmutzig werden darf.

T-Shirts kannst du auch gleich recyceln! Sie werden zu Wischlappen, falls etwas Farbe daneben geht oder die Finger kleben. Benutze Pappteller, um darauf Acrylfarbe zu mischen. Mit Wäscheklammern kannst du hervorragend frisch geklebte Teile fixieren – dann hast du die Hände für anderen Kram frei.

# Ulkige Socktopusse
## Dein Angelspiel aus Babysocken

### Das brauchst du

- Babysocken, bunt
- Magnete, rund, ø 20 mm
- Satinbandreste in Blau
- Filzreste in Weiß, Rot, Blau, Rosa, Orange und Hellgrün
- Rundstab, ø 6 mm, 50 cm lang
- Schnur, 30 cm lang
- Kronkorken
- Füllwatte
- UHU Alleskleber
- Schere

Vorlagenbogen A

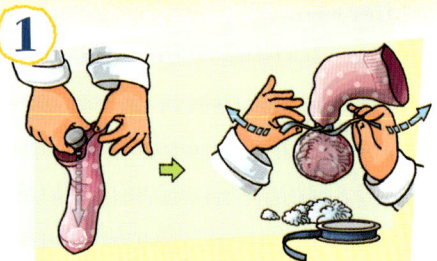

**Zuerst steckst du** einen Magneten in die Fußspitze eines Babysockens. Danach füllst du die Spitze mit einer Handvoll Füllwatte so auf, dass ein runder Kopf entsteht. Mit dem Satinband bindest du den Socken einmal unterhalb des entstandenen Kopfes ab.

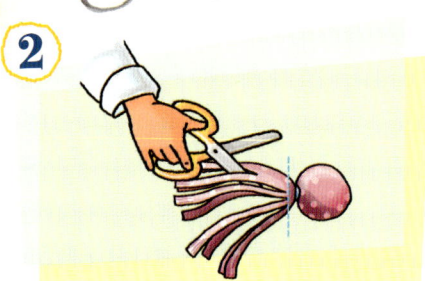

**Ein Socktopuss ohne Tentakel?**
Mit einer Schere schneidest du vom Bündchen des Sockens einmal bis kurz vor den „Hals". Schneide dem Socktopus im Abstand von ca. 1 cm viele weitere Fangarme.

**3** **Damit er fröhlich gucken kann,**
braucht der Socktopus jetzt noch Augen
und einen Mund aus Filzresten, wie auf
dem Foto. Du kannst sie nach Lust und
Laune ausschneiden oder die Vorlage
benutzen. Klebe alles mit Alleskleber auf.
Für die Angel bindest du an einen Rundstab ein ca. 30 cm langes Stück Schnur.
Das Ende klebst du in einen Kronkorken.
Jetzt kann das Spiel beginnen.

# Maustipp
## zum Basteln und Spielen

⭐ Mache noch viel mehr Socktopusse,
das erhöht den Angelspaß! Baue aus
einem Schuhkarton ein kleines Aqua-
rium und fertige auch für deine Freunde
Angeln an. Wer fängt die meisten Socktopusse? Übrigens, wusstest du, dass ein
echter Oktopuss am liebsten Krabben,
Schnecken und Muscheln futtert?

# Kunterbunte Krachmacher

## Rasselbande aus Geschenkband-Spulen

### Das brauchst du

- Geschenkband-Spulen in unterschiedlichen Größen
- Kreppklebeband
- Esslöffel Reis
- Esslöffel Erbsen
- Acrylfarbe in Goldgelb, Orange, Brilliantrot, Hellblau und Pink
- Pinsel
- Bleistift mit Radiergummi

**1**

**Zuerst klebst du** eines der beiden Löcher der Spule mit Kreppklebeband zu und drehst die Spule auf die andere Seite. In die Öffnung lässt du Reis oder Erbsen hinein rieseln.

**2**

**Verschließe jetzt** auch dieses Loch mit Kreppklebeband. Schüttle die Spule und hör mal, wie schön es raschelt!

8

**③**

**Jetzt kannst du** den Pinsel schwingen. Male mit Acrylfarbe die ganze Rassel an und lass alles gut trocknen. Zur Verzierung tauchst du den Radiergummi eines Bleistifts in die Acrylfarbe und stempelst damit bunte Punkte auf die Spule auf.

# Maustipp
## zum Basteln und Spielen

⊛ Vielleicht fallen dir ja noch andere Sachen ein, die du in die Rassel hineinpacken könntest. Wie wäre es mit Linsen, Heftzwecken, kleinen Steinchen oder Pailletten?
Jetzt kannst du laut dein Lieblingslied singen und dazu den Rhythmus rasseln.

9

# Pfiffige Zupfgesichter
## Die Pappschachtel-Gitarren-Combo

### Das brauchst du

- 2 Pappschachteln, z. B. Müsli- und Kartoffelpüree-Verpackung
- 4 Plastikschraubdeckel, ø 4 cm
- Acrylfarbe in Pink, Hellblau, Grün und Gelb
- 2 Styropor®-Kugeln, ø 2 cm
- Haushaltsgummis
- Permanentmarker
- UHU Alleskleber
- Pinsel
- Cuttermesser mit Unterlage
- Schere

Vorlagenbogen A

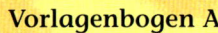

**1**

**Zuerst nimmst du** die Pappschachtel vorsichtig auseinander. Dazu löst du mit den Fingern die Stellen voneinander, die verklebt sind. Lege den Karton nun flach vor dich hin und male eine Seite in deiner Lieblingsfarbe an. Wenn alles gut getrocknet ist, kommt die andere Seite dran.

**2**

**Jetzt zeichnest du** mit dem Permanentmarker auf eine Hälfte der großen Flächen vom Karton einen Mund auf, dafür kannst du die Vorlage benutzen. Schneide an der gemalten Linie entlang eine Mundöffnung aus.

**③**

**Danach kannst du** die Schachtel wieder in ihre ursprüngliche Form zurückfalten und die alten Klebestellen mit neuem Kleber versehen, damit alles gut hält.

**④**

**Es fehlen noch die Augen**. Klebe zwei Schraubverschlüsse auf und halbiere eine Styropor®-Kugel mit einem Cuttermesser, lass dir dabei von einem Erwachsenen helfen. Die beiden Hälften bemalst du nach Lust und Laune und klebst sie in die Getränkeschraubverschlüsse. Jetzt nur noch die Haushaltsgummis über den Mund spannen und loszupfen!

# Maustipp
## zum Basteln und Spielen

✸ Knüpfe in ein paar Gummis einen kleinen Knoten hinein bevor du sie überziehst, dann macht der Mund beim Zupfen unterschiedliche Töne! Jetzt kann eure Combo losgehen!

# Spaßiges Tellerwerfen

## Wurfspiel ohne Scherben

### Das brauchst du

- 5 Pappteller, ø 23 cm
- Küchenpapier-Rolle, leer
- Acrylfarbe in Rosa, Blau, Hellgrün und Gelb
- Klebeband, bunt, 10 mm breit
- Bleistift
- Schere

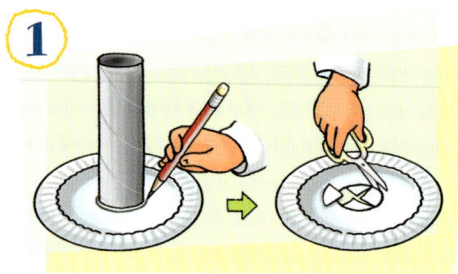

**1**

**Heute darfst du** Teller werfen! Wie das geht? Ganz einfach. Lege einen Pappteller vor dich hin und stelle eine leere Küchen-papier-Rolle senkrecht, mittig darauf. Jetzt zeichnest du einmal mit dem Bleistift um die Rolle herum. Mit der Schere schneidest du vorsichtig den Kreis aus.

**2**

**Am einfachsten geht** das Aus-schneiden, wenn du einmal mit der Scherenspitze in die Mitte piekst und dann von da aus schneidest. Danach Küchenpapier-Rolle in die Öffnung stecken und mit Kleber festkleben.

## Maustipp
### zum Basteln und Spielen

⭐ Und so geht's: Gestell auf dem Boden platzieren, 5 Schritte zurücktreten und werfen! Wer schafft es, die meisten Ringe landen zu lassen? Wer wird Teller-Werfer-König?

**③**

**Für die Wurfringe suchst du** dir eine Müslischale mit einem Durchmesser von ungefähr 14–15 cm. Lege sie mit der Öffnung auf den Pappteller, zeichne einmal darum herum und schneide den Kreis aus. Am besten, du machst auf diese Weise gleich mehrere Wurfringe.

**④** **Jetzt wird's bunt!** Male die Wurfringe und das Gestell an und lass alles gut trocknen. Zum Schluss kannst du die Ringe mit 8 cm langen bunten Klebestreifen oder Aufklebern verschönern.

# Verrückte Vögel

## Vorsicht, flatternde Pappbecher!

### Das brauchst du

- 2 Plastikbecher
- 30 Marabu-Softfedern in Pink, Blau, Grün, Rot und Gelb
- 4 Styropor®-Kugeln, ø 15 mm
- 2 Zugfedern mit Ösen, 60 cm x 6,3 cm
- Fotokartonrest in Gelb und Orange
- Acrylfarbe in Gelb und Orange
- Permanentmarker in Schwarz
- Klebefilm
- UHU Alleskleber
- Prickelnadel
- Tacker
- Cuttermesser mit Unterlage

Vorlagenbogen A

**2**

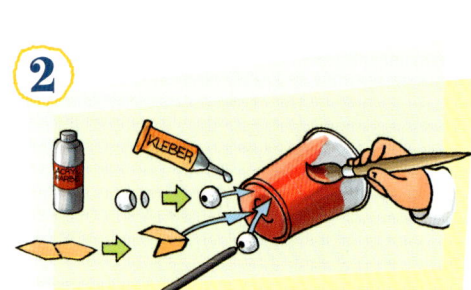

**1** **Zuerst werden die Becher** mit Acrylfarbe bemalt. Alles gut trocknen lassen. In der Zwischenzeit kannst du dich um die Dekoration kümmern. Aus Fotokarton schneidest du einen Schnabel zurecht und klebst ihn mit Alleskleber mittig außen auf den Becherboden. Für die Schnabelform kannst du die Vorlage benutzen.

**Von den Styropor®-Kugeln** schneidest du mit einem Cuttermesser ungefähr ein Drittel ab, lass dir dabei von einem Erwachsenen helfen. Male mit schwarzem Permanentmarker jeweils einen Kreis auf die Kugeln, fertig sind die Augen! Fixiere Sie mit Alleskleber über dem Schnabel.

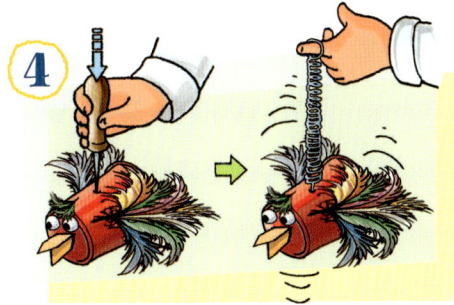

**③** **Jetzt fliegen die Federn!** Nimm jeweils sieben Federn und tackere sie auf ein kleines Stück Fotokarton. So halten sie besser zusammen. Jetzt kannst du ein Federnpaket rechts und eines links seitlich auf deinen Pappbecher kleben. Einen kleinen Federnrest klebst du mittig über die Augen.

**④** **Damit dein Vogel** ein Stück fliegen kann, stichst du mit einer Prickelnadel mittig am Oberkörper ein Loch. Hier fädelst du ein Ende der Zugfeder hindurch und verbiegst den Draht im Becher, sodass die Zugfeder nicht mehr herausrutschen kann.

# Gruselige Monsterfüße

## Schaurige Stampfer aus Kosmetiktücher-Boxen

### Das brauchst du

- 2 Kosmetiktücher-Boxen, leer
- 3 Haushalts-schwämme
- Acrylfarbe in Blau
- UHU Alleskleber
- Schere

**1** **Zuerst malst du** die Kosmetiktücher-Boxen mit blauer Acrylfarbe an. Wahrscheinlich brauchen sie einen zweiten Anstrich.

**2**

**Aus den Schwämmen** schneidest du ca. 7 cm lange Dreiecke zurecht. Schneide so viel von der weichen Schwammseite ab, dass die Dreiecke ungefähr gleich viel von der rauen und der weichen Schwammseite haben.

# Maustipp
## zum Basteln
## und Spielen

⊛ Falls du leicht aus deinen Monsterfüßen heraus rutschst, kannst du mit Kreppklebeband die Öffnung verkleinern, dann halten sie besser. Vorsicht: Die Monsterfüße sind aus Pappe. Allzu wild solltest du nicht damit herumtoben, sonst gehen sie kaputt.

**3**

**Jetzt kannst du** die restlichen weichen Schwammteile in kleine Schnipsel schneiden und auf die Box kleben. Die Dreiecke werden vorne an die Boxen geklebt.

# Hellwache Nachteulen
## Kauzige Eierkarton-Freunde

### Das brauchst du

- Eierkartons, 6er und 10er Packung
- Acrylfarbe in Braun, Weiß, Grau und Blau
- Geschenkpapierreste, bunt
- Dekofedern in Braun
- Fotokartonreste in Gelb, Weiß und Schwarz
- UHU Alleskleber
- Schere

Vorlagenbogen A

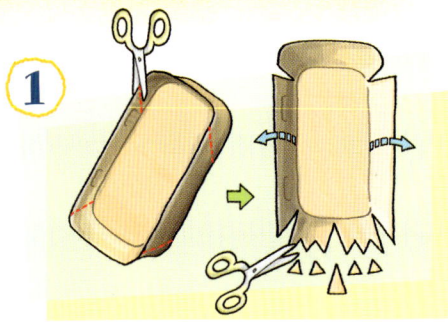

**1** Zuerst schneidest du den Eierkarton mittig an der Faltlinie entlang durch. In die Seite mit dem glatten Innenleben schneidest du an den Längsseiten Flügel und an einer Querseite Füße hinein.

**2** Von der Eierkartonseite mit den Eiermulden schneidest du ein Zweier-Päckchen für die Eulenaugen aus. Male alles mit Acrylfarbe an.

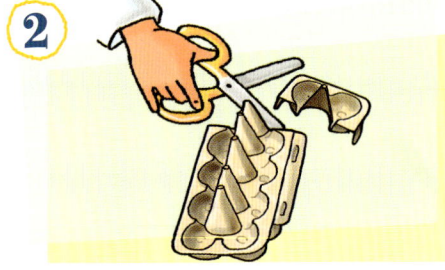

**3** Aus Fotokartonresten schneidest du zwei gelbe Kreise von ø 2,5 cm, zwei weiße Kreise von ø 2 cm und zwei schwarze Kreise von ø 1,5 cm aus.

# Maustipp

## zum Basteln und Spielen

⊛ Klebe Leuchtfolie statt Fotokarton in die Eulenaugen, dann leuchten sie im Dunkeln und du kannst deine Freunde erschrecken, indem du dazu schaurige Eulenlaute machst – huhuhuu!

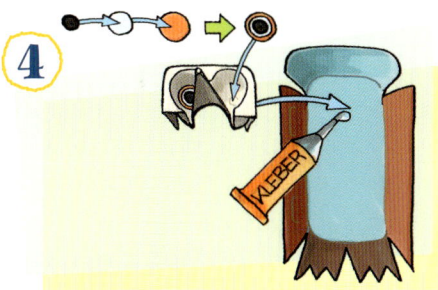

**4**

**Klebe einen weißen Kreis** auf einen gelben Kreis und auf den weißen Kreis einen schwarzen, dann wiederholst du das Ganze. Jetzt hast du zwei Eulen-

augen. Die klebst du in deine Eieraugen hinein. Danach werden sie in die glatte Verpackungsinnenseite eingeklebt.

**5** **Aus Geschenkpapierresten** kannst du einen ovalen Bauch ausschneiden und aufkleben. Benutze dafür die Vorlage, wenn du willst. Jetzt noch mit Alleskleber ein paar Federn an die Stirn deiner Eule kleben und schon bist du fertig.

# Hüpf-Frosch Fridolin

## Achtung, springender Pappbecher

### Das brauchst du

- 2 Pappbecher
- Eierkarton
- Fotokartonreste in Grün und Rot
- Wackelaugen, ø 12 mm
- Acrylfarbe in Grün
- Stoffrest, bunt
- 2 Haushaltsgummis
- UHU Alleskleber
- Prickelnadel

Vorlagenbogen B

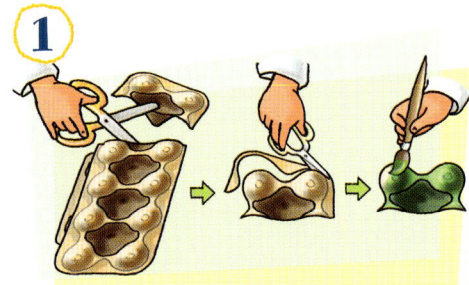

**1** **Die beiden Pappbecher** werden mit grüner Farbe angemalt. Schneide aus einer Eierkartonverpackung zwei Eiermulden an einem Endstück heraus und male alles ebenfalls schön grün an.

**2** **Jetzt schneidest du** aus dem Stoffrest ein ovales ca. 7 cm x 8 cm großes Stück für den Bauch zurecht und klebst es mittig auf den umgedrehten Becher. Aus grünem Fotokarton schneidest du deinem Frosch Beine und Arme zurecht und klebst sie an die Seiten bzw. an die Becheröffnung. Dafür kannst du die Vorlagen benutzen.

**3**   **Deinen Froschkopf** aus Eierkarton verzierst du mit Wackel-augen und einer roten Zunge aus Fotokarton, für die du die Vorlage verwenden kannst. Klebe alles schön auf und lass es trocknen. Danach kannst du den Froschkopf auf deinen Froschkörper kleben.

**4**   **Jetzt stichst du** mit der Prickelnadel vier Löcher in den Rumpf des Frosches und zwar so, dass sich immer zwei Löcher ge-genüberliegen und die gespannten Gummis nachher ein Kreuz ergeben.

**5**

**Dann zerschneidest du** die Haus-haltsgummis, fädelst ein Ende durch ein Loch und verknotest es innen. Das andere Ende des Gummis fädelst du durch das gegenüberliegende Loch und verknotest es ebenfalls. Mit dem zwei-ten Gummi machst du es genauso.

# Maustipp
## zum Basteln und Spielen

⭐ Damit dein Frosch hüpfen kann, drückst du ihn mit den Gummis auf einen anderen umgedrehten Papp-becher und lässt dann plötzlich los. Hü-hüpf!

# Rasanter Kullerspaß
## Murmelbahn im Pappkarton

### Das brauchst du

- 4 Küchenpapier-Rollen, leer
- Papp- oder Schuhkarton
- Pappbecher
- Acrylfarbe in Weiß, Gelb, Rosa, Hellgrün, Blau und Hellblau
- Heißklebepistole
- Schere
- Murmeln

**Zuerst malst du** den Papp- oder Schuhkarton innen und außen mit weißer Acrylfarbe an. Jetzt halbierst du mit einer Schere die Papprollen. Male die halben Rollen jeweils in einer anderen Farbe an und lass sie gut trocknen.

**Von einem Pappbecher schneidest du** zwei Drittel ab und malst nur das untere Drittel mit Acrylfarbe an.

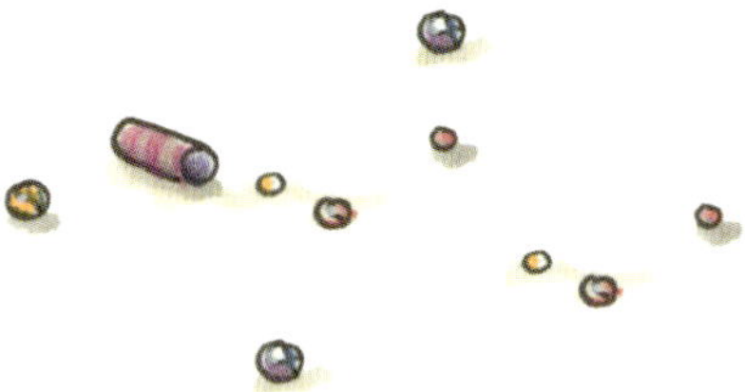

**3** **Probiere aus,** ob die Rollen in deinen Karton hineinpassen oder ob du sie vielleicht noch ein wenig kürzen musst. Stell dir vor, wie die Kugel rollen soll. Es muss jeweils am Ende einer Rolle genügend Platz sein, damit die Kugel auf die nächste Ebene runterkullern kann.

**4**

**Wenn die Rollen passen,** kannst du sie schräg mit einer Heißklebepistole ankleben. Lass dir von einem Erwachsenen dabei helfen, damit du dich nicht verbrennst. Zum Schluss klebst du den Becher in den Boden. Hier ist die Murmelsammelstation.

# Maustipp
## zum Basteln und Spielen

⭐ Natürlich kannst du diese Murmelbahn auch in einem viel größeren Karton mit viel mehr Papprollen basteln. Übrigens: Aus Papprollen kann man auch noch ganz andere Murmelbahn-Konstruktionen bauen. Probier einfach ein bisschen herum.

# Blick durchs Bullauge

## Schraubverschlussfisch-Aquarium

### Das brauchst du

- 2 Pappteller, ø 23 cm
- 3 Getränkeschraubverschlüsse aus Plastik
- Geschenkpapierreste, bunt
- Acrylfarbe in Hellblau und Dunkelblau
- 3 Wackelaugen, ø 5 mm
- 9 Pailletten in Silber
- 8 Glasnuggets, ungeschliffen, ø 20 mm
- Overheadfolie, 20 cm x 20 cm
- Klebeband, doppelseitig, 7 mm breit
- Klebeband in Grün, 10 mm breit
- UHU Alleskleber
- Klarlack

**1**

**Pappteller Nummer eins** malst du auf der Innenseite mit blauer Acrylfarbe an. Bei Pappteller Nummer zwei malst du mit hellblauer Acrylfarbe die Außenseite an. Aus Geschenkpapierresten schneidest du jeweils Flossen für deine Fische zurecht. Lege sie so auf den dunkelblauen Teller, dass sie zusammen mit einem Getränkeverschluss einen Fisch ergeben. Dann klebe alles gut am Teller fest.

**2   Aus grünem Klebeband**
schneidest du ein paar Wassergräser und klebst sie auf. Drei Pailletten klebst du als Luftbläschen zu jedem Fisch, die Wackelaugen kommen auf die Getränkeverschlüsse.

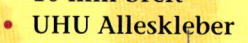

# Maustipp

## zum Basteln und Spielen

⭐ Hänge das Bullauge an eine Wand in deinem Zimmer und stelle dir vor, du bist Kapitän Nemo auf Tiefsee-Expedition.

**4**

**Schneide den Folienkreis** am Rand mit jeweils 1 cm Abstand ca. 1 cm tief ein. Mit doppelseitigem Klebeband kannst du ihn jetzt innen in den Teller mit Guckloch kleben. Schnell noch ein paar Glasnuggets oder Muscheln aufkleben und dann beide Teller mit den Innenseiten aufeinander zeigend zusammenkleben.

**3**

**Jetzt ist der hellblaue Teller dran:** Schneide aus seiner Mitte einen Kreis mit dem Durchmesser von ca. 16–17 cm aus. Aus der Overheadfolie schneidest du einen Kreis mit ca. 18–19 cm Durchmesser aus.

# Lautstarke Klapperschlange
## Kronkorken-Rabatz

### Das brauchst du

- Pappe, 3 mm stark, 50 cm x 50 cm
- Acrylfarbe in Lila, Flieder, Hellgrün, Grün, Rot, Blau, Rosa und Gelb
- Wattekugel, ø 2,5 cm
- Fotokartonrest in Rot
- 2 Kronkorken
- 2 Katzenaugen in Grün, ø 14 mm
- 7 Rundkopfklammern
- UHU Alleskleber
- Prickelnadel
- Schere

Vorlagenbogen B

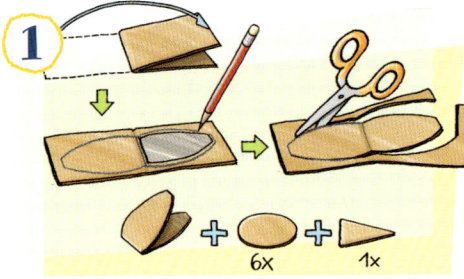

**Aus einem alten Pappkarton** schneidest du zunächst einen Schlangenkopf, sechs ovale Teile ca. 4 cm x 7 cm und den Schwanz der Klapperschlange aus. Hierfür kannst du die Vorlage verwenden. Male jedes Pappstück in einer anderen Farbe an. Die Kronkorken und den Kopf der Schlange malst du grün an.

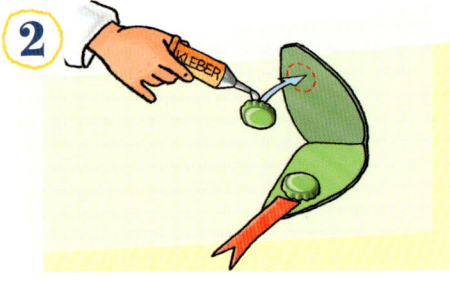

**Schneide aus rotem Fotokarton** eine Schlangenzunge zurecht, du kannst die Vorlage benutzen. Zuerst klebst du die Kronkorken in das Maul der

KLAPP KLAPP

KLAPP

Schlange und zwar so, dass die geschlossene Seite nach außen zeigt. Die beiden Kronkorken sollen sich berühren, wenn man Kopfober- und Kopfunterseite aufeinanderbiegt.

**3** **Die Zunge klebst du** auf das untere Maulstück direkt an den Kronkorken. Dann bohrst du an den länglichen Seiten der Schlangenglieder mit der Prickelnadel ein kleines Loch vor. Hier kannst du die Einzelteile mit Rundkopfklammern verbinden. Beginne am Schwanz.

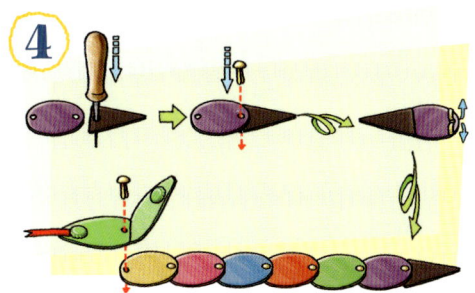

**Zuletzt kommt der Kopf**. Hier wird die Rundkopfklammer in den hinteren Teil des Mauls gesteckt und mit dem Rest vom Schwanz verbunden.

**5** **Für die Augen** halbierst du die Wattekugel mit einer Schere. Stecke die Katzenaugen in die Wattekugelhälften und kleb die Augen auf den Schlangenkopf.

# Flower Power!
## Klorollenkunst fürs Blumenbeet

### Das brauchst du

- 3 Toilettenpapier-Rollen, leer
- 3 Trinkhalme aus Plastik
- Acrylfarbe in Dunkellila, Flieder, Gelb, Pink, Rosa und Rot
- Fotokarton in Hellgrün, 20 cm x 20 cm
- Heißklebepistole
- UHU Alleskleber
- Schere

**Vorlagenbogen B**

**(1)**

**Male die Toilettenpapier-Rolle** innen und außen bunt an. Lass alles gut trocknen. Schneide die Rolle an einer der offenen Seiten ca. 4 cm ein. Im Abstand von 1 cm schneidest du die Rolle rundherum an beiden Seiten ein. Biege die Pappstreifen nach außen.

**(2)**

**Mit der Heißklebepistole** klebst du einen Trinkhalm an das Blumen-Mittelstück. Lass dir von einem Erwachsenen dabei helfen. Schneide nach der Vorlage aus dem Fotokarton Blätter aus und klebe sie mit Alleskleber an den Stiel.

## Maustipp

### zum Basteln und Spielen

⊛ Bepflanze einen Topf mit Katzengras oder Kresse und stecke die Blume dort hinein. Das ist ein tolles Geschenk, wenn du jemandem eine Freude machen willst.

# Piepmatz-Fütterung
## Vogelglück in Flaschen

### Das brauchst du

- Plastikflasche, 1,5 l
- 2 Holzkochlöffel
- Wäscheleine, gummiert, 1 m lang
- Acrylfarbe in Hellgrün und Grün
- Vogelfutter
- Klarlack
- Prickelnadel
- Cuttermesser mit Unterlage

**1** **Die beiden Holzlöffel** malst du mit Acrylfarbe an. Wenn alles getrocknet ist, überstreichst du das Ganze mit Klarlack. So bleiben die Löffel auch bei schlechtem Wetter schön.

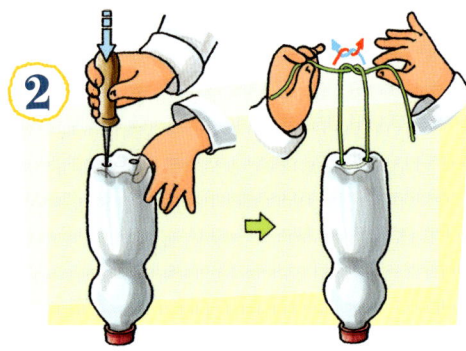

**2** **Stich mit der Prickelnadel** zwei Löcher mit ca. 4 cm Abstand in den Flaschenboden. Dann fädelst du deine Wäscheleine durch das eine Loch in die Flasche und durch das andere wieder hinaus. Die Enden werden verknotet.

**3** **Die Holzlöffel müssen** schräg in der Flasche stecken. Das erste Loch schneidest du mit einem Cuttermesser ca. 10 cm vom Flaschenboden entfernt in die Flasche. Lass dir von einem Erwachsenen dabei helfen.

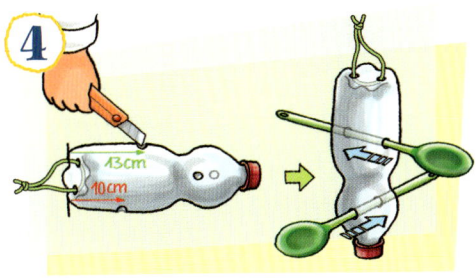

**Das zweite Loch** kommt an die gegenüberliegende Seite, allerdings mit ca.
13 cm Abstand zum Flaschenboden. Es
sollte ungefähr den Durchmesser des
Löffelstils haben. Das dritte und vierte
Loch schneidest du ebenfalls versetzt in
die Flasche hinein.

**5** **Die Holzlöffel** kannst du nun
durch die Löcher schieben. Eventuell
musst du die Löcher, an denen der Holz-
stilkopf sitzt, größer machen, damit das
Futter gut rausrieseln kann.

**6** **Schraube die Flasche** am
Schraubverschluss auf und fülle sie mit
Vogelfutter. Suche dir einen guten Platz
an einem Baum oder Strauch aus und
hänge die Flasche kopfüber an der Leine
auf.

# Maustipp
## zum Basteln und Spielen

⊛ Jetzt kannst du dich auf die Lauer
legen. Vielleicht magst du dir noch ein
Fernglas aus zwei angemalten, zusammen-
geklebten Toilettenpapierrollen basteln.
Dann steht deiner Zukunft als Vogelfor-
scher nichts mehr im Wege!

# Kniffeliges Kullerspiel
## Die Bastelmaus in der Käseschachtel

### Das brauchst du

- Käseschachtel, rund
- Acrylfarbe in Hellblau
- Filzstifte in Pink, Rot, Gelb, Orange, Hellgrün und Blau
- Dekoband, 2,5 cm breit, 20 cm lang
- Henkellocheisen, ø 8 mm
- 2 kleine Murmeln, ø 10 mm
- UHU Alleskleber
- Schere

Vorlagenbogen B

**1** **Male die Käseschachtel mit Acrylfarbe an.** Jetzt nimmst du die Vorlage der frechen Bastelmaus auf dem Vorlagenbogen und malst das Bild nach Lust und Laune aus.

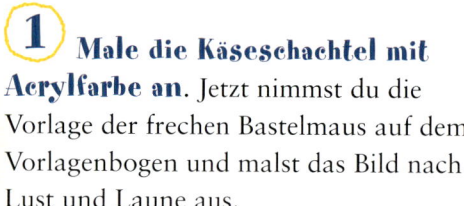

**2**

**Schneide dein Ausmalbild** so zurecht, dass es in die Schachtel passt und klebe es hinein.

**3** **Auf den äußeren Rand** der Käseschachtel klebst du mit Alleskleber das Dekoband.

**4**

**Lege die Käseschachtel** auf ein Holz-brett und bohre mit dem Henkelloch-eisen Löcher in dein Bild, an der Stelle, wo die Augen sitzen. Fertig ist das Murmelspiel!

# Maustipp
## zum Basteln und Spielen

⭐ Versuche dein Kullerspiel so zu bewegen, dass du es schaffst beide Murmeln in die Mulden zu kullern. Das Spiel ist auch ein schönes Geschenk für Freunde!

# Schiff ahoi!

## Auf hoher See im Eierkarton

### Das brauchst du

- Eierkarton, 10er und 6er Packung
- 2 Schaschlikstäbchen, ø 3 mm, 20 cm lang
- Fotokarton in Weiß, A4
- bunte Stoffreste 20 cm x 20 cm
- bunte Geschenkpapierreste
- Wollfaden in Blau, 1 m lang
- UHU Alleskleber
- Schere

Vorlagenbogen B

**2**

**Schneide den Eierkarton** in der Mitte durch und stecke den Mast mit Segel in eine der Spitzen des Eierkartons. Aus Geschenkpapierresten schneidest du Dreiecke von 3 cm x 3 cm x 3 cm aus (siehe Vorlage) und klebst sie auf den Wollfaden, sodass eine Wimpelkette entsteht. Befestige das eine Ende der Wimpelkette an der Mastspitze und das andere am Eierkarton.

**1**

**Male auf den** weißen Fotokarton zwei Dreiecke mit den Seitenlängen 18 cm x 20 cm x 12 cm – du kannst die Vorlage dafür benutzen – und schneide sie aus. Klebe vorne auf das Dreieck ein Stück Stoff und hinten ein Schaschlikstäbchen auf.

# Maustipp

## zum Basteln und Spielen

⊛ Falls du lieber wildere Schiffe magst, kannst du auch einfach einen Totenkopf auf die Flagge malen und mit einer Piratenmannschaft in See stechen!

# Kunterbunte Ketten
## Schmuck aus Spielzeug-Schrott

### Das brauchst du

- Holzperlen in Pink, Gelb, Orange, Rot, Schwarz, Weiß, Grün und Blau, ø 6 mm
- altes Spielzeug
- Satinband in Rot und Pink, 5 mm breit, 60 cm lang
- Gummiband, transparent, 60 cm lang, ø 0,4 mm
- 5 Ringschrauben, 12 x 5 mm
- Holzbohrer, ø 2 mm

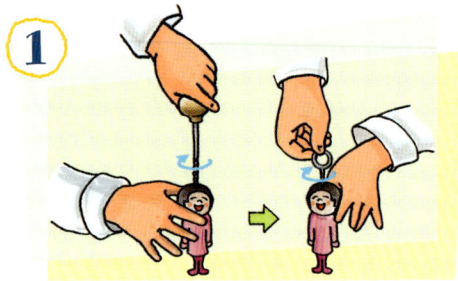

**1**

**Zuerst bohrst du** mit dem Holzbohrer vorsichtig ein kleines Loch in dein Spielzeug, dabei hilft dir ein Erwachsener. Du kannst z. B. Plastiktiere oder Holzfiguren dafür verwenden. Hauptsache, das Spielzeug ist nicht zu schwer. Jetzt kannst du die Ringschraube hineindrehen, bis fast nur noch der Ring herauskuckt.

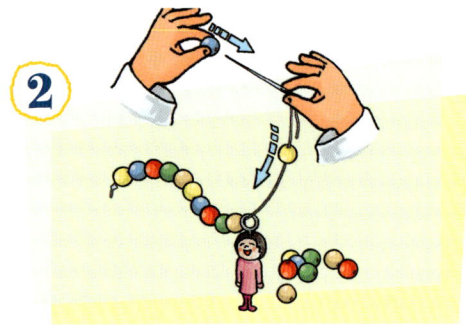

**2**

**Schneide ein 60 cm langes Stück** Gummiband ab und mache einen doppelten Knoten in ein Ende. Jetzt

kannst du anfangen, deine Perlen aufzufädeln. Nach der Hälfte der Strecke
fädelst du den Gummifaden durch die
Ringschrauben, an denen dein Spielzeug
befestigt ist und machst dann wieder
mit den Perlen weiter.

**3** **Verknote die beiden** Gummiband-Enden gut miteinander. Wenn du
magst, kannst du nach Lust und Laune
kleine Satinbandstücke um das Gummi
herum zu Schleifen binden.

# Lustige Deckelgesichter

## Schraubverschluss-Broschen

### Das brauchst du

- Plastikschraubverschlüsse in verschiedenen Größen
- Klebeband, bunt, 10 mm breit
- Wackelaugen, ø 3 mm, 10 mm und 15 mm
- Fimo® Air Light in Weiß
- Broschennadeln, 19 mm lang
- UHU Alleskleber

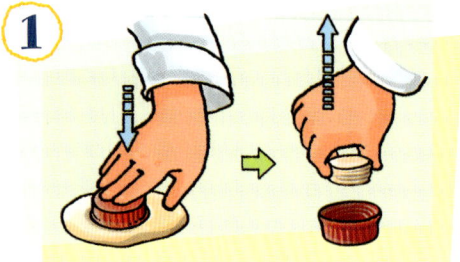

**1**

**Drücke die Schraubverschlüsse** wie Ausstechformen in platt gewalztes Fimo® und hole den so entstandenen Kreis wieder aus dem Deckel heraus. Lass die Fimo®-Kreise 24 Stunden lang trocknen.

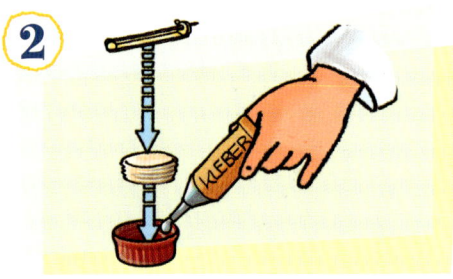

**2**

**Schneide aus dem** bunten Klebeband Münder aus und klebe die Münder und die Wackelaugen auf die Deckel. Wenn alles getrocknet ist, klebst du den Fimo®-Kreis in den Deckel und eine Broschennadel darauf. Anstecken, fertig!

# Maustipp

## zum Basteln und Spielen

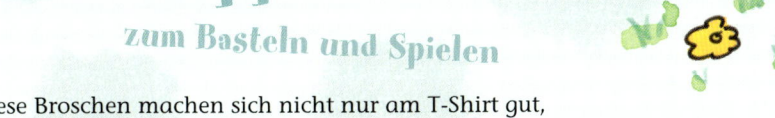 Diese Broschen machen sich nicht nur am T-Shirt gut,
sondern verschönern auch Stofftaschen, Käppis und Kissen.
Wenn du statt einer Broschennadel einen Magneten anklebst,
hast du tolle Magnete z. B. für euren Kühlschrank.

# Hilfe, Außerirdische!
## Käpt'n Plastik und sein Papp-Ufo sind gelandet

### Das brauchst du

- 2 Pappteller
- Plastikschrott, z. B. Schüsseln, Plastikeier, Schraubverschlüsse
- 6 Kronkorken
- Acrylfarbe in Dunkelblau, Hellblau und Pink
- Druckverschlüsse von Spülmittelflaschen
- Wackelaugen, ø 12 mm
- 6 Styropor®-Kugeln, ø 15 mm
- Chenilledraht in Hellgrün
- UHU Alleskleber
- Cuttermesser mit Unterlage

**1 Für die Außerirdischen** bemalst du die Plastikdruckverschlüsse mit Acrylfarbe. Dann schneidest du 20 cm lange Chenilledrahtstücke zurecht. Stecke die Enden vom Draht in jeweils eine Styropor®-Kugel.

**2**

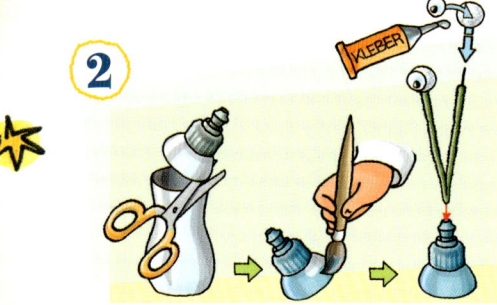

**Jetzt kannst du** Wackelaugen auf die Styropor®-Kugeln aufkleben und dann den Chennilledraht in der Hälfte knicken und in den Flaschenverschluss kleben. Fertig sind die Außerirdischen.

# Maustipp

## zum Basteln und Spielen

⭐ Statt mit einem Ufo können die Außerirdischen auch mit einer Rakete aus Papprollen oder gestapelten Joghurtbechern gelandet sein. Probier' einfach verschiedene Sachen aus!

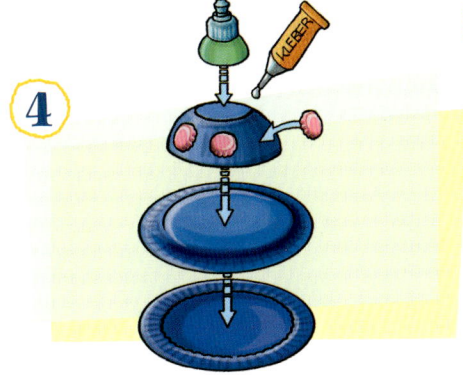

**3** **Natürlich brauchen sie** noch ein Ufo. Dafür klebst du zwei Pappteller mit den Innenseiten zusammen. Darauf kannst du dann einen hübschen Turm aus Plastikschrott (Schüsseln, Joghurtbecher, Plastikeier, Verschlüsse) kleben. Je nachdem, was du zur Hand hast.

**4**

**Bemale dein Ufo** und lass es gut trocknen. Auch die Kronkorken kannst du bemalen und dann rund um das Ufo kleben.

# Grässliche Räuberbande
## Gummihandschuh-Fingerpuppen

### Das brauchst du

- Haushaltshandschuhe aus Gummi in Gelb
- Tonpapier in Rosa, A4
- Filzreste in Hellbraun, Dunkelbraun, Hellgrau, Dunkelgrau, Hellgrün, Dunkelgrün, Schwarz, Gelb und Pink
- Knöpfe in Rot und Grün
- UHU Alleskleber
- Schere

Vorlagenbogen B

**1**

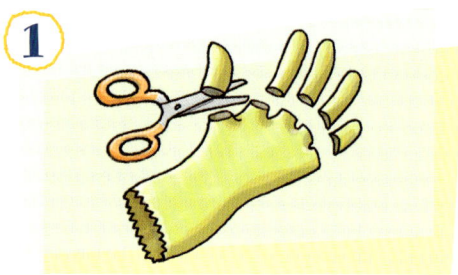

**Zuerst schneidest du** die Finger der Gummihandschuhe, einen nach dem anderen, ab.

**2**

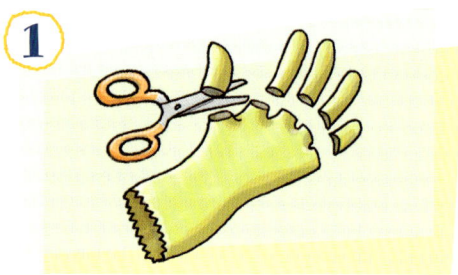

**Dann zeichnest du** auf ein Blatt Papier wilde Räubergesichter und ein wunderschönes Prinzessinengesicht auf. Hierfür kannst du die Vorlage benutzen.

# Maustipp

## zum Basteln und Spielen

⭐ Natürlich kannst du auch kleine Feen, Piraten, Zootiere oder Monster aus den Gummihandschuhen zaubern. Einfach Gesicht aufmalen, ankleiden und losspielen. Probier's doch mal aus!

**3** **Jetzt schneidest du** die Gesichter vorsichtig aus und klebst sie jeweils auf eine Gummifingerspitze. Als nächstes geht`s ans Ankleiden. Deiner Fantasie sind keine Grenzen gesetzt.

**4** **Schneide aus Filzresten** Mäntel, Hüte, Gürtel, Hosen und Schuhe zurecht. Die Prinzessin bekommt natürlich eine Krone.

**5** **Klebe alle Teile** an Ort und Stelle und verziere deine Puppen nach Lust und Laune mit Knöpfen oder Pailletten. Wenn alles gut getrocknet ist, kann dein Räuberstück beginnen. Einfach Figuren über die Finger stülpen und losspielen.

# Die Supernasen

## Sektkorkenfreunde mit Luftballon-Zinken

### Das brauchst du

- 5 Sektkorken
- 5 Wasserbomben in Rosa, Lila, Blau, Gelb und Orange
- Acrylfarbe in Hellblau, Blattgrün, Pink, Gelb und Orange
- Wackelaugen, ø 5 mm
- Filzreste in Rot, Gelb, Blau und Hellgrün
- Wollreste in Lila, Rot, Grün, Hellblau und Hellgelb
- Permanentmarker in Rot und Schwarz
- Schere

**1**

**Zuerst malst du** die Sektkorken mit Acrylfarbe an. Das geht besonders gut, wenn du sie vorher auf ein Schaschlikstäbchen steckst.

**2**

**Nach dem Trocknen** ziehst du jedem Sektkorken eine Wasserbombe über den Kopf. Die Spitze des Luftballons sollte dabei wie eine Nase nach vorne zeigen.

**3** **Mit einem Permanentmarker**
malst du den Supernasen jetzt einen
freundlichen Mund und klebst ihnen
zwei Wackelaugen auf – eine Nase
haben sie ja schon.

**4** **Aus Filzresten schneidest du**
einen Schal für jede Supernase zurecht
und bindest ihn ihr um den Hals. Aus
Wollresten kannst du jetzt noch lustige
Frisuren kreieren und aufkleben. Fertig!

## Maustipp
### zum Basteln und Spielen

⭐ Natürlich lassen sich
die Supernasen noch mehr
verschönern. Du kannst
z. B. Getränkeverschlüsse
oder Kronkorken als Hüte
aufkleben oder ihnen aus
Geschenkpapierschnipseln
Krawatten ankleben.
Deiner Fantasie sind keine
Grenzen gesetzt!

# Fliegende Untertasse
## Die flitzende Hovercraft-CD

### Das brauchst du

- Plastikflasche, 1,5 l
- Luftballon in Blau
- alte CD
- Streusterne in Dunkelblau
- Prickelnadel
- UHU Alleskleber
- Cuttermesser mit
  Unterlage
  oder
  Schere

**Klebe nun den Deckel** mit Flaschenhals mittig auf die CD und verziere diese mit Dekosternchen.

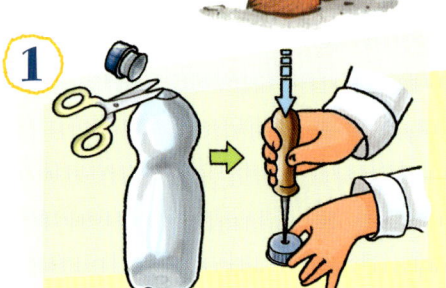

**Schneide von einer Plastikflasche** den Verschluss samt Flaschenhals ab. Schraube den Deckel ab und bohre mit der Prickelnadel ein Loch hinein.

**Puste den Luftballon auf,** halte ihn zu und stülpe ihn so über den Flaschenhals, dass nur noch das Schraubgewinde herausguckt und staune, was passiert.

## Maustipp

### zum Basteln und Spielen

⭐ Der Luftdruck vom Ballon lässt die Luft unter die CD strömen und macht eine Art Luftkissen. Deine fliegende Untertasse kann so über den Boden gleiten. Toll, oder?

## Die Autorin

Pia Deges ist als Kind in einen Kessel Konfetti gefallen. Seitdem spuken ihr ulkige Socktopusse, lautstarke Klapperschlangen und sogar gruselige Räuberbanden im Kopf herum.

Obwohl sie Film- und Fernsehwissenschaften studiert hat und fürs Fernsehen textet, glotzt sie selber so gut wie nie. Stattdessen kramt sie am liebsten mit Pinsel und Schere bewaffnet vor sich hin. Nicht einmal Müll ist vor ihr sicher! Für dieses Buch haben Freunde haufenweise Abfall bei ihr abgeladen und sich nur ein bisschen über ihren Lieblingssatz: „Das kann ich noch guuuut gebrauchen!" lustig gemacht. Sie lebt mit einer Supernase und zwei wilden Bastelmonstern in Essen.

## DANKE!

Vielen Dank an die Firmen Efco, Rayher und Rico für ihre freundliche Bereitstellung von Material.

## Unser Service für Sie

Wenn Sie Fragen zu den Anleitungen in diesem Buch haben, schreiben Sie einfach eine Mail an: mail@kreativ-service.info. Wir helfen Ihnen gerne weiter.

## Impressum

Modelle: Pia Deges

Fotos: frechverlag GmbH, 70499 Stuttgart; lichtpunkt, Michael Ruder, Stuttgart; Pia Deges (S. 45)

Illustrationen: Antje Hagemann

Schrittillustrationen: Ursula Schwab

Konzept: Angela Vornefeld und Carolin Eichenlaub

Produktmanagement: Carolin Eichenlaub

Lektorat: Carolin Eichenlaub

Layout: Petra Bachmann

Umsetzung Layout: Katrin Röhlig;  Arnold & Domnick, Leipzig

Druck und Bindung: Finidr s.r.o., Tschechische Republik

1. Auflage 2012

© 2012 frechverlag GmbH, 70499 Stuttgart
www.topp-kreativ.de

ISBN 978-3-7724-5708-1
Best. Nr. 5708